NULLA EGET
TRISTIQUE NIBH DUI, ET
LA FORÊT PERD DU TERRAIN
UNE CATASTROPHE ÉCOLOGIQUE POUR DE NOMBREUX ÉCO-SYSTÈMES
ETIAM MOLLIS DIAM LECTUS. PRAESENT SEMPER MASSA NEC MAGNA MO-LESTIE, UT PRE-TIUM LEO SOL-LICITUDIN. QUISQUE AUCTOR ALIQUAM NULLA TINCIDUNT.
DE LA DÉFORESTATION
PLUS PERCEPTIBLES
PRAESENT
AMET DIAM SED CONGUE UT EUISMOD PELLENTESQUE GULA MAXIMUS ST URNA, VITAE D. PHASELLUS SUS-VEHICULA. FUSCE NON VESTIBULUM NEC IN LEO EST. CRAS ACULIS. VIVAMUS NEC LACINIA ALIQUAM.

D'après la chaine YouTube

MISTER GEOPOLITIX

L'AVENTURE GÉOPOLITIQUE

LA DÉFORESTATION

Scénariste

LUDOVIC DANJOU

Dessinateur et coloriste

ADRIEN MARTIN

Soleil

Les jeunes d'aujourd'hui sont confrontés à des enjeux complexes. Sans surprise, ces derniers concernent principalement l'adoption de nouvelles méthodes de production et de consommation afin de limiter drastiquement nos impacts sur l'environnement.
Dans cette grande catégorie du dérèglement climatique et de la perte de biodiversité, le thème de la déforestation occupe tristement une place prépondérante.

Ce qui est passionnant avec ce sujet, c'est que les forêts ne sont pas des espaces coupés du monde. Elles ne se trouvent pas sur une île éloignée de toute civilisation : nous vivons avec elles. L'image souvent fantasmée d'une forêt absolument vierge de toute présence humaine est généralement éloignée de la réalité. De même, les personnes qui déboisent ne le font pas en étant volontairement animées d'un désir de nuire à notre planète : elles répondent à un besoin.

Si bien qu'il est absolument impossible de résumer le phénomène de la déforestation à la simple perte de portions de forêts ! Il faut aussi tenir compte de l'agriculture, l'élevage, la construction de routes, les peuples autochtones, la pauvreté, l'augmentation de la population...

Cet ouvrage s'est construit grâce au travail de plusieurs personnes. C'est pour cela que je remercie Jean, pour son écoute et son fort attachement aux thématiques environnementales, Ludovic pour son sens de la narration, ainsi qu'Adrien, dont le coup de crayon m'a replongé dans ces ambiances si particulières.

Un des premiers pas pour lutter contre la déforestation est de commencer par bien la comprendre, afin d'y répondre le plus justement possible. Avec cet ouvrage, nous espérons y contribuer à notre humble échelle.

GILDAS - MISTER GEOPOLITIX

C'EST TOUJOURS UN MOMENT PARTICULIER QUAND JE TERMINE UN REPORTAGE DE TERRAIN.

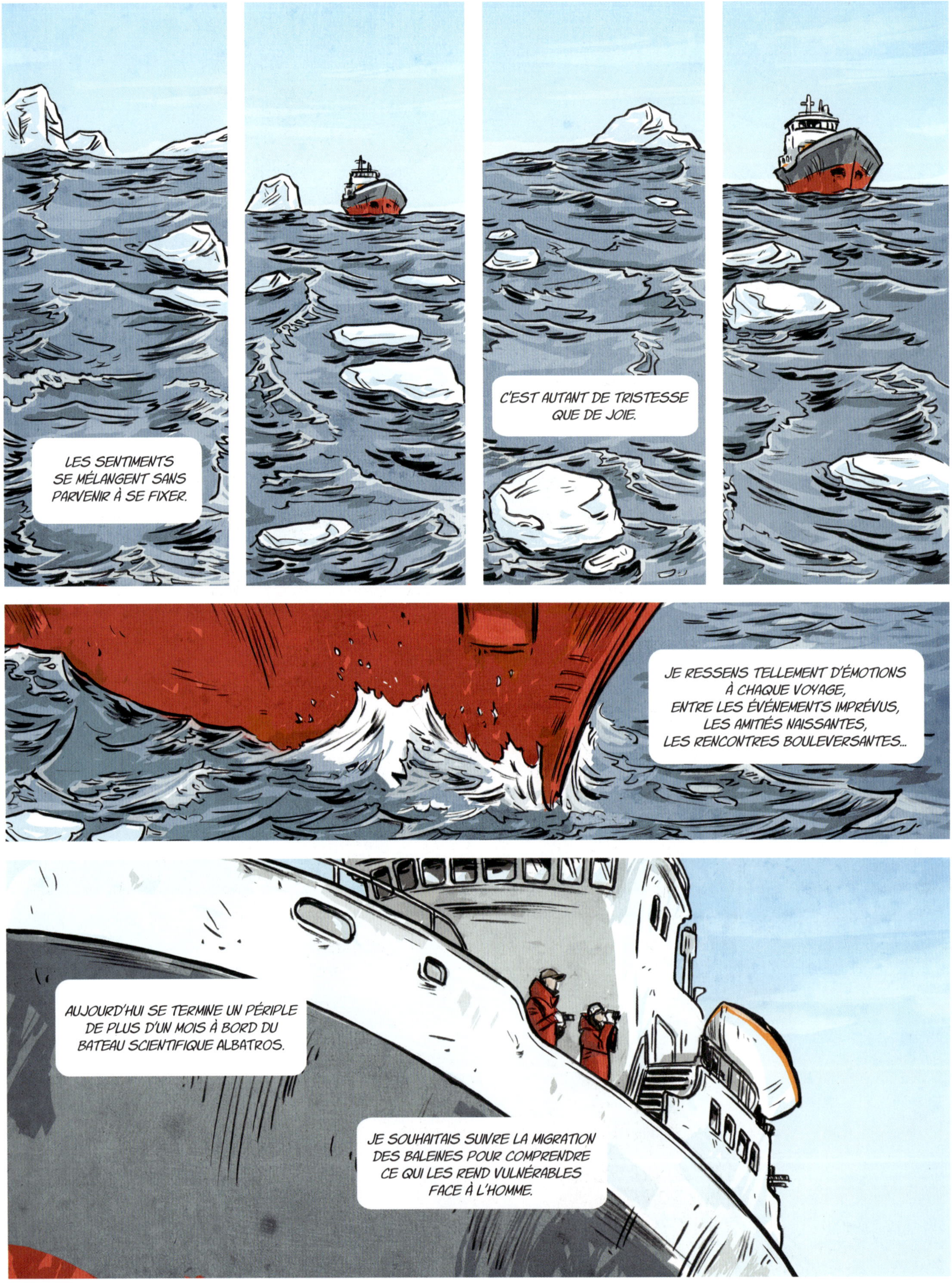
LES SENTIMENTS SE MÉLANGENT SANS PARVENIR À SE FIXER.
C'EST AUTANT DE TRISTESSE QUE DE JOIE.
JE RESSENS TELLEMENT D'ÉMOTIONS À CHAQUE VOYAGE, ENTRE LES ÉVÉNEMENTS IMPRÉVUS, LES AMITIÉS NAISSANTES, LES RENCONTRES BOULEVERSANTES...
AUJOURD'HUI SE TERMINE UN PÉRIPLE DE PLUS D'UN MOIS À BORD DU BATEAU SCIENTIFIQUE ALBATROS.
JE SOUHAITAIS SUIVRE LA MIGRATION DES BALEINES POUR COMPRENDRE CE QUI LES REND VULNÉRABLES FACE À L'HOMME.

QUEL DERNIER PLAN ! C'ÉTAIT SUPERBE !
ELLE VA DEVENIR UNE STAR GRÂCE À TOI !
TOUT CE TEMPS PASSÉ À LA FILMER... J'AI L'IMPRES-SION D'AVOIR CRÉÉ UN LIEN AVEC CETTE BALEINE.
EH BIEN, J'IMAGINE QU'ELLE A PARTAGÉ LA MÊME EXPÉRIENCE AVEC TOI, À SA MANIÈRE...
UN GRAND MERCI, SONIA, DE M'AVOIR INVITÉ À PARTAGER VOTRE QUOTIDIEN...
QUEL VOYAGE INCROYABLE, VRAIMENT ! C'ÉTAIT...
... PUISSANT.

ON NE SE REND PAS BIEN COMPTE DE L'IMPORTANCE D'UN CÉTACÉ DE CETTE TAILLE TANT QU'ON NE L'A PAS CROISÉ.
C'EST IMPRESSIONNANT, HEIN ?
TU SAIS, AU FOND, PEU DE PERSONNES ONT DÉJÀ VU UNE BALEINE À BOSSES. ÇA RESTE UN ANIMAL LOINTAIN, PRESQUE MERVEILLEUX.
CE SONT DES REPORTAGES COMME LE TIEN QUI NOUS PERMETTENT D'EXPLIQUER UN PHÉNOMÈNE COMME LEUR MIGRATION.
5 000 KM DU SUD VERS LE NORD POUR SE NOURRIR ET ÉDUQUER LES PLUS PETITS AU CŒUR DES EAUX FROIDES DE L'ARCTIQUE...
5 000 KM D'UN VOYAGE HORS DU COMMUN DANS LE MONDE DU SILENCE...

ÇA ME SEMBLE TROP DRAMATIQUE POUR TERMINER LE FILM...
OUI, PEUT-ÊTRE. MAIS J'AIME BIEN CETTE FAÇON DE FINIR AVEC QUELQUE CHOSE DE SOLENNEL. LES GENS RESTE-RONT SILENCIEUX, TU VOIS ? POUR RÉFLÉCHIR...
ÇA SE TIENT. C'EST JUSTE QUE ÇA ME PARAÎT NÉGATIF, UN PEU LOURD...
... OU BIEN ÇA APPUIE TON PROPOS.
BON, ON LAISSE COMME ÇA POUR LE MOMENT, LE TEMPS D'AVOIR UN PEU DE RECUL.
CELINE BOUVIERE
JE PRENDS L'APPEL DEHORS, MATHIAS...

SALUT, GILDAS, C'EST CÉLINE BOUVIÈRE. ON S'EST CROISÉS SUR UN SALON IL Y A PLUSIEURS MOIS...
OUI, JE ME SOUVIENS BIEN. JE RÉFLÉCHISSAIS À UN PROJET SUR L'ENVIRONNEMENT.
C'EST ÇA ! JE REVIENS VERS TOI JUSTEMENT À PROPOS DE CETTE IDÉE QUE TU M'AVAIS EXPOSÉE.
AH, SUPER. VAS-Y, JE T'ÉCOUTE...
JE NE SAIS PAS SI TU TE RAPPELLES, MAIS JE TRAVAILLE DEPUIS PLUSIEURS MOIS SUR LES COMPOSITIONS GÉNÉTIQUES DE CERTAINS ARBRES RARES ET PRÉCIEUX.
MAIS JE SUIS BLOQUÉE EN CE MOMENT. J'AURAIS BESOIN QUE QUELQU'UN M'AIDE À DIFFUSER CES QUESTIONS TECHNIQUES AUPRÈS DU GRAND PUBLIC...
EST-CE QUE ÇA T'INTÉRESSERAIT ?
JE PENSE, OUI. C'EST LE GENRE DE PROJET QUE JE CHERCHE À METTRE EN PLACE.

TU REPARS DÉJÀ À L'AUTRE BOUT DE LA PLANÈTE ?
ON DIRAIT BIEN... ET POUR UN VRAI TOUR DU MONDE, CETTE FOIS-CI !
ÇA SENT LA GRANDE EXPÉDITION ET UN MONTAGE QUI NOUS PRENDRA ENCORE LA TÊTE ! JE LE SENS D'ICI, TON NOUVEAU PLAN !
C'EST SÛR... MAIS JE SAIS QUE JE POURRAI COMPTER SUR TOI !
C'EST UNE PROPOSITION POUR RÉALISER UN REPORTAGE SUR LES CAUSES ET LES CONSÉQUENCES DE LA DÉFORESTATION.
J'AI RENDEZ-VOUS LA SEMAINE PROCHAINE À L'INRA* DE NANCY POUR DISCUTER DES DÉTAILS DU PROJET.
* INSTITUT NATIONAL DE RECHERCHE AGRONOMIQUE.

CÉLINE ?
OUI, C'EST POUR QUOI ?
C'EST POUR JOUER LES DENDROLOGUES !

DONC, LÀ, NOUS AVONS LA SITUATION AU DÉBUT DES ANNÉES 2010 DE L'ENSEMBLE DU COUVERT FORESTIER MONDIAL.
ET VOILÀ LA SITUATION À LA FIN DE LA DÉCENNIE AVEC UNE EXPLOSION DES ZONES ROUGES...
100 MILLIONS D'HECTARES D'ESPACES FORESTIERS PERDUS. C'EST DRAMATIQUE !
EFFRAYANT, OUI. MAIS C'EST AVANT TOUT UNE SITUATION COMPLEXE ET MULTIFACTORIELLE. CERTAINS ESPACES INDIQUENT AUSSI DES ÉVOLUTIONS POSITIVES.
J'IMAGINE TOUT DE MÊME QUE LE COMMERCE INTERNATIONAL A DES CONSÉQUENCES NÉGATIVES ?
JE NE DIRAIS PAS NÉGATIVES. IL INFLUE PLUTÔT SUR LA DIVERSITÉ DES ESSENCES. LA DÉFORESTATION EMPÊCHE LE RENOUVELLEMENT DES ARBRES RARES ET PRÉCIEUX. OR, ILS JOUENT UN RÔLE DANS LA BIODIVERSITÉ.
ET C'EST LÀ QUE J'INTERVIENS...

CECI EST UN CONCENTRÉ DE PRINCIPES ACTIFS ISSUS DE CES ARBRES SI SINGULIERS. NOUS TESTONS LEURS PROPRIÉTÉS DANS LES DOMAINES MÉDICAUX ET ALIMENTAIRES.
JE NE PENSAIS PAS QUE LEUR COMPOSITION ÉTAIT SI PRÉCIEUSE.
QUI PLUS EST, NOUS COMMENÇONS TOUT JUSTE À EXPLORER LE FONCTIONNEMENT DES GRANDES FORÊTS ET LES INTERACTIONS DES ESPÈCES ENTRE ELLES.
MAIS VOILÀ, MES RECHERCHES SONT À L'ARRÊT À CAUSE D'UNE INSUFFISANCE DE CRÉDITS ALLOUÉS.
ET AVEC LA TRANSFORMATION DES SOLS DANS LES ZONES SENSIBLES, C'EST DEVENU COMPLEXE DE TROUVER DES BOIS VARIÉS POUR MES RECHERCHES.
J'AI DONC EU L'IDÉE DE REVENIR VERS TOI. J'AI BESOIN QUE TU PUISSES M'AIDER À SENSIBILISER LE GRAND PUBLIC SUR CE PROBLÈME DE LA DÉFORESTATION.
TON REPORTAGE POURRAIT APPUYER MA DEMANDE DE FINANCEMENTS SUPPLÉMENTAIRES...
HALL 2

POUR AVANCER DANS MES RECHERCHES, J'AI BESOIN D'AVOIR ACCÈS À UNE PLUS GRANDE VARIÉTÉ D'ARBRES RARES.
AVEC CETTE DÉFORESTATION QUI N'EN FINIT PAS DE PROGRESSER, IMPOSSIBLE D'AVANCER CORRECTEMENT. ET POURTANT, L'ÉTUDE DES ARBRES, C'EST L'AVENIR DE LA PLANÈTE...
C'EST UN ÉNORME PROJET QUE TU ME PROPOSES LÀ !
C'EST TOI QUI ES VENU ME PARLER DE CE REPORTAGE SUR L'ENVIRONNEMENT !
BON SÉJOUR AU BRÉSIL, MONSIEUR LEPRINCE !

PREMIER JOUR AU BRÉSIL. JE SUIS DANS L'ÉTAT DU RONDÔNIA, EN DIRECTION DE LA FORÊT TROPICALE. POURQUOI LE RONDÔNIA ? C'EST L'UN DES ÉTATS LES PLUS TOUCHÉS PAR LES INCENDIES DE FORÊT. DES FEUX DESTINÉS À FERTILISER LES TERRES POUR L'AGRICULTURE. ON APPELLE ÇA LA TECHNIQUE DU BRÛLIS.
POUR LA PREMIÈRE ÉTAPE DE MON REPORTAGE, J'AI CONTACTÉ ANTONIO, UN AMI JOURNALISTE FRANCO-BRÉSILIEN SPÉCIALISTE DES RELATIONS ENTRE AGRICULTEURS ET ÉCOLOGIE. CE SERA NOTRE GUIDE POUR CE VOYAGE AU PAYS DE LA BOSSA NOVA !
SALUT, TOUT LE MONDE, RAVI DE VOUS ACCOMPAGNER !
CE QUI M'INTERPELLE CE MATIN, C'EST LE NOMBRE DE CAMIONS QUE NOUS AVONS CROISÉS. ILS CONTIENNENT TOUS DU MAÏS, DU BOIS OU DU SOJA.
GILDAS, JE T'EMMÈNE CE MATIN DANS UN COIN TYPIQUE PAR ICI. TU VERRAS, ÇA LAISSE SANS VOIX !
MOUAIS, MAIS PAS TROP QUAND MÊME, ANTONIO ! JE NE PENSAIS PAS QUE NOUS VERRIONS AUTANT DE PRAIRIES ALORS QUE NOUS SOMMES AU CŒUR DE L'AMAZONIE !
ET ÇA NE FAIT QUE S'ACCENTUER. IL Y A QUARANTE ANS ICI, C'ÉTAIT DE LA FORÊT VIERGE INFRANCHISSABLE À PERTE DE VUE.
LE COUVERT FORESTIER A PERDU EN SURFACE L'ÉQUIVALENT D'UNE FOIS ET DEMIE LA FRANCE EN CINQUANTE ANS… TU TE RENDS COMPTE ?
ET POUR ÊTRE PLUS PRÉCIS, 13,72 % ENTRE AOÛT 2017 ET JUILLET 2018 ! J'AI PARTICIPÉ À L'ÉTUDE IL Y A TROIS ANS.

POUR PARVENIR JUSQUE DANS LA FORÊT, NOUS AVONS MIS PRESQUE TROIS HEURES.
JE M'ATTENDAIS À UNE FORÊT DENSE ET LUXURIANTE...
... MAIS PLUS NOUS NOUS ENFONÇONS SUR LE SENTIER ET PLUS L'ESPACE EST DÉFORESTÉ, DÉCOUPÉ, BRÛLÉ.
C'EST INCROYABLE, CETTE ODEUR QUI EMPLIT L'AIR, C'EST À LA FOIS LOURD, MOITE, ÇA SENT LE BOIS CALCINÉ ET DES EFFLUVES EXOTIQUES EN MÊME TEMPS !
ÇA, C'EST LE BRÉSIL, CHAUD ET PARFUMÉ !
C'EST UNE COUPE OPÉRÉE SANS AUTORISATION QUI DATE DE QUINZE JOURS DÉJÀ. COMME TU VOIS, GILDAS, C'EST ENCORE FUMANT...
TU AS UNE IDÉE DES RESPONSABLES ?

ON SAIT ET ON NE SAIT PAS, COMME SOUVENT. POUR LE MOMENT, NOUS N'AVONS AUCUN ÉLÉMENT SUR CETTE PARCELLE. LA DÉFORESTATION SE FAIT SOUVENT EN DEUX TEMPS.
CE SONT D'ABORD LES MARCHANDS DE BOIS QUI ENTRENT DANS LA FORÊT. ILS COUPENT LES ARBRES RARES, CEUX QUI POSSÈDENT DE LA VALEUR. ILS LES REVENDENT ENSUITE CLANDESTINEMENT, SANS CONTRÔLE.
UNE FOIS LA COUPE SAUVAGE TERMINÉE, ILS PRÉPARENT LA TERRE POUR EN FAIRE DES PÂTURAGES ET LA MONNAYER AUX ÉLEVEURS.

AH OUI, C'EST TRÈS ORGANISÉ COMME SYSTÈME !
PRÉPARER LA TERRE, ÇA VEUT DIRE BRÛLER TOUT CE QUI RESTE DE LA VÉGÉTATION, LA NETTOYER POUR LA RENDRE FERTILE...

C'EST RODÉ DEPUIS DES ANNÉES ! LES AMENDES SONT DÉRISOIRES, QUELQUES MILLIERS D'EUROS.
SUIVONS LE SENTIER. TU VERRAS, C'EST ENCORE PLUS FRAPPANT DE L'AUTRE CÔTÉ.

JE ME SOUVIENS DE MOINS EN MOINS À QUOI RESSEMBLAIT, CE COIN, IL Y A DIX ANS. ON PROGRESSAIT À PEINE DANS LA VÉGÉTATION...
LA CONSOMMATION MONDIALE DE VIANDE NE CESSE D'EXPLOSER, GILDAS. C'EST UNE DES PRINCIPALES CAUSES.
C'ÉTAIT TELLEMENT DENSE ET SAUVAGE ! ET MAINTENANT, NOUS AVONS ÇA...
C'EST SUPER IMPRESSIONNANT. ON NE SE REND PAS COMPTE DE LA TAILLE DE CE GENRE D'EXPLOITATION.
EN VINGT ANS, LE NOMBRE DE VACHES EST PASSÉ DE 5 MILLIONS DE TÊTES À 14 MILLIONS DANS LA SEULE RÉGION DU RONDÔNIA !
C'EST TELLEMENT FOU, COMME CHIFFRES.... EN VENANT ICI, J'AI CONSULTÉ LES RAPPORTS, MAIS DE VOIR ÇA EN VRAI, ÇA INTERPELLE !
IL Y A MOYEN DE RENCONTRER DES ÉLEVEURS ?
HUM, OUI, J'AI UNE CONNAISSANCE AVEC QUI JE POURRAIS TE METTRE EN CONTACT. ILS NE SONT PAS BAVARDS PAR ICI, PAS SÛR QU'ILS TE RÉPONDENT.

POUR APPRÉHENDER LE PROBLÈME DANS SA GLOBALITÉ, J'AI BESOIN DE PRENDRE UN PEU DE HAUTEUR.
UN RECUL NÉCESSAIRE POUR RESTER OBJECTIF, TRAITER LE SUJET AVEC UN REGARD COMPLET ET NE PAS SOMBRER DANS L'ÉMOTION.
COMPRENDRE CE QUI A PROVOQUÉ CETTE TRANSFORMATION EN PRESQUE 20 ANS...
Brésil
RONDÔNIA
PARÁ

MALGRÉ CETTE DISTANCE, JE NE PEUX M'EMPÊCHER D'AVOIR LE CŒUR SERRÉ, DE ME POSER DES QUESTIONS SUR UNE GESTION RAISONNÉE ET LA PLUS DURABLE POSSIBLE.

NOUS FILONS AU MILIEU DES CHAMPS DEPUIS LE DÉBUT DE L'APRÈS-MIDI POUR REJOINDRE UN ÉLEVEUR.

NOUS AVONS DÛ CROISER UNE DIZAINE DE FEUX OU D'ÉPAIS NUAGES DE FUMÉE. C'EST DÉSTABILISANT, INQUIÉTANT.

IL S'APPELLE PABLOS JOAO. JE LE CONNAIS POUR AVOIR FAIT QUELQUES REPORTAGES AVEC LUI. J'ESPÈRE QU'IL ACCEPTERA DE TE PARLER ! TU ES CONSIDÉRÉ COMME UN INIMIGO, UN ENNEMI.
HEY, PABLOS ! COMMENT TU VAS APRÈS TOUT CE TEMPS ?
SALUT, ANTONIO ! TU VIENS ENCORE M'EMMERDER AVEC TES QUESTIONS, C'EST ÇA ?
EH BIEN, POUR UNE FOIS, ÇA NE SERA PAS MOI, PABLOS ! JE TE PRÉSENTE GILDAS, C'EST UN AMI FRANÇAIS.
... QUI NE COMPREND RIEN À CE QU'ON VIT ICI !

C'EST VOUS QUI AVEZ ALLUMÉ LES FEUX APERÇUS EN VENANT JUSQU'ICI ?
NON, NON CES INCENDIES JE NE SAIS PAS QUI C'EST, MAIS ÇA TOMBE BIEN. ON MANQUE DE TERRE EN CE MOMENT.
JE COMPRENDS, OUI. MAIS EST-CE QUE DES GENS COMME DES INGÉNIEURS AGRONOMES PAR EXEMPLE SONT VENUS VOUS APPORTER DE L'AIDE POUR MIEUX EXPLOITER VOTRE PARCELLE ET MIEUX COMPRENDRE LA FORÊT ?
ET OUI, J'AI DÉJÀ MIS LE FEU, BIEN SÛR. COMMENT VOULEZ-VOUS QUE L'ON VIVE SI ON NE DÉFORESTE PAS ? ON A BESOIN D'HERBE POUR NOURRIR LES BÊTES, PAS DE LIANES NI DE JUNGLE.
JE ME POSAIS LA QUESTION EN VENANT, MAIS EST-CE QUE VOUS PRENEZ LES TERRES SUR LA FORÊT LIBREMENT OU BIEN ÊTES-VOUS AUTORISÉS PAR L'ÉTAT ?
ÉCOUTE, CHUIS PAS UN INDIEN, MOI, JE NE SAIS PAS SURVIVRE DANS UNE FORÊT ! CHUIS PAS NON PLUS UN MEC EN COSTARD, HEIN ! SI JE VEUX GAGNER MA CROÛTE, IL ME FAUT DES TERRES ! C'EST NORMAL, NON ?
ÉCOUTE, MOI, ÇA FAIT TRENTE ANS QUE JE VIS SUR CES TERRES...

L'ÉTAT A FAIT VENIR MES PARENTS ICI ET LEUR A ORDONNÉ DE DÉBOISER ! S'ILS NE S'EXÉCUTAIENT PAS, ON LEUR REPRENAIT LES PARCELLES POUR LES DONNER À D'AUTRES. C'ÉTAIT ÇA OU ON CREVAIT DE FAIM !
TU COMPRENDS ? NOUS, C'EST NOTRE BOULOT ! SI JE NE FAIS PAS ÇA, JE FAIS QUOI DE MA VIE ? JE MANGE QUOI ? COMMENT JE NOURRIS MES ENFANTS ?
L'ÉTAT NOUS DEMANDE DE COUPER LA FORÊT POUR OCCUPER LE TERRITOIRE. ET MAINTENANT, C'EST LE CONTRAIRE ! TOUT CE QU'ON A FAIT, C'EST MAL, ÇA NE SERAIT PAS BIEN !
UN SOUCI, PABLOS ? C'EST QUI, CES GENS ?
VOUS FAITES QUOI ? VOUS FILMEZ POUR QUI ?
RIEN, RIEN ! ENCORE DES JOURNALISTES, FAUT TOUJOURS LEUR EXPLIQUER ! COMME SI ON N'AVAIT QUE ÇA À FAIRE !
HEY, TU FILMES ENCORE, TOI ? POURQUOI TU FILMES ? POSE TON APPAREIL !

ÉCOUTEZ, C'EST JUSTE UN REPORTAGE POUR COMPRENDRE LA SITUATION, VOTRE QUOTIDIEN. IL N'Y A RIEN CONTRE VOUS DANS CETTE VIDÉO.
OUAIS, DES PAROLES DE CHIENS, ÇA ! QUAND ON VOIT LE RÉSULTAT À LA TÉLÉ, ON PASSE POUR DES SALAUDS !
ÇA VA, ÇA VA, LES GARS, JE ME SUIS EMPORTÉ, ILS ONT RIEN FAIT DE MAL.
VRAIMENT, JE SUIS DÉSOLÉ SI JE VOUS AI OFFENSÉS. CE N'ÉTAIT PAS INTENTIONNEL.
ALLEZ, RETOURNEZ BOSSER, JE M'EN OCCUPE. JE CONNAIS ANTONIO, IL NE NOUS POSERA PAS DE PROBLÈMES.
ÉCOUTE, T'ES SYMPA, ANTONIO, MAIS FAUT ARRÊTER DE VENIR TOUT LE TEMPS NOUS QUESTIONNER. NOUS, ON N'EST QUE DES FERMIERS, TU COMPRENDS ? C'EST NOTRE VIE, ICI.
À FORCE DE POINTER LES ÉLEVEURS DU DOIGT COMME DES RESPONSABLES, ILS SONT À CRAN. ILS SONT POURTANT CHEZ EUX...

AMAGGI

POUR CONTINUER MON REPORTAGE, JE VAIS PASSER QUELQUES JOURS DANS UNE COMMUNAUTÉ INDIGÈNE, LES NAMBIKWARAS.
CE PEUPLE LÉGENDAIRE DE LA FORÊT AMAZONIENNE A ÉTÉ OBSERVÉ PAR CLAUDE LÉVI-STRAUSS, SON ÉPOUSE DINA DREYFUS ET UN COLLÈGUE BRÉSILIEN, LUÍS DE CASTRO FARIA, LORS D'UNE EXPÉDITION EN 1938...
EN EUROPE, ON A L'HABITUDE D'IMAGINER CES POPULATIONS INDIGÈNES ENTOURÉES DE VÉGÉTATION, PRESQUE COUPÉES DU MONDE MODERNE.
LA RÉALITÉ EST TOUT AUTRE ET ÇA RESSEMBLE PLUTÔT À ÇA...
BONJOUR, JE SUIS MARO MESCUPO ET JE SUIS LE CHEF DE CE VILLAGE.

JE VIS ICI AVEC MA FAMILLE DEPUIS TOUJOURS.
TOUTES LES HABITATIONS QUE TU VOIS LÀ ET LA FORÊT DERRIÈRE, C'EST NOTRE COMMUNAUTÉ.
DONC ÇA, C'EST MA MAISON. C'EST LÀ OÙ JE DORS AVEC MA FEMME ET MES FILLES, C'EST NOTRE COIN.
ÇA, C'EST LES JEUNES, ILS SONT PAS BEAUCOUP ICI, ILS PRÉFÈRENT ALLER À LA VILLE AU LIEU DE BOSSER DANS LES CHAMPS.
ÇA, C'EST LA SALLE COMMUNE, C'EST ICI QUE LE VILLAGE SE RÉUNIT. ON A CONSTRUIT CE BÂTIMENT IL Y A PAS LONGTEMPS, GRÂCE À L'ARGENT DE L'AGRICULTURE.
DONC, VOUS VIVEZ DE CE CÔTÉ PROCHE DE LA FORÊT ET VOUS TRAVAILLEZ DANS LA FERME JUSTE À CÔTÉ ?
OUI OUI, J'Y TRAVAILLE AVEC MON FRÈRE ET SES FILS. ENFIN, LES HOMMES DU VILLAGE.

TU SAIS, C'EST TRÈS DIFFICILE POUR NOUS DE RÉSISTER À L'AGRICULTURE EXTENSIVE. LA FORÊT SE RÉDUIT, ON NE PEUT PLUS VIVRE COMME AVANT...
L'ÉTAT NOUS AIDE POUR DÉVELOPPER L'ACTIVITÉ. LES CHAMPS QUE NOUS CULTIVONS, ILS SONT À NOUS, C'EST NOTRE RÉSERVE. NOUS L'EX-PLOITONS...
GRÂCE AUX LOIS DU PRÉSIDENT POUR INTÉGRER LES INDIENS AU BRÉSIL, ON A CETTE GRANDE TERRE. ON GARDE UN PEU DE NOTRE VIE, TU VOIS ?
MAIS QUI A RÉALISÉ CES INVESTISSEMENTS ? LE MATÉRIEL LOURD COMME LES TRACTEURS, LES CAMIONS, LES HANGARS, C'EST VOUS ?
C'EST LA COOPÉRATIVE QUI PAIE TOUT ÇA. NOUS, ON CULTIVE NOS CHAMPS POUR REVENDRE LA PRODUCTION À LA VILLE COMME LES BLANCS.
ÇA ME QUESTIONNE, POUR LE COUP. LA COOPÉRATIVE EST FINANCÉE PAR QUI ? PAR L'ÉTAT OU BIEN LE REGROUPEMENT DES CULTIVATEURS ?

ON PARLE PAS DE ÇA ENTRE NOUS. JE TE L'AI DIT, NOUS, ON CULTIVE ET ON VEND, C'EST TRÈS BIEN AINSI. ÇA NOUS FAIT VIVRE ET NOUS PRÉSERVONS NOS TERRES.
TU VOIS, APRÈS, NOUS, ON PEUT FAIRE COMME LES BLANCS, PAYER DES CAHIERS POUR QUE LES ENFANTS PUISSENT ALLER À L'ÉCOLE.
JE SUIS FIER DE MA TRIBU, ON EST ENCORE LÀ, VIVANTS, TU COMPRENDS ? ON GARDE NOTRE IDENTITÉ MALGRÉ TOUT. ALORS, QUI FINANCE LA COOPÉRATIVE, ÇA, ON S'EN FICHE. ÇA NE NOUS CONCERNE PAS...
FINALEMENT, C'EST UN COMPROMIS QUI TE PERMET DE RESTER EN VIE, MÊME SI ÇA APPARTIENT À L'ÉTAT SOUS COUVERT D'UNE COOPÉRATIVE.
OUI, PEUT-ÊTRE. ET COMME ÇA, ON PEUT ENCORE EMMENER LES JEUNES DANS LA FORÊT !

ENFIN. LA FORÊT AMAZONIENNE. JE PEUX LA SENTIR, LA VOIR, L'ENTENDRE, LA RESPIRER À PLEINS POUMONS.
JE TOURNAIS AUTOUR DEPUIS TELLEMENT LONGTEMPS AVEC CETTE IMPRESSION TENACE QU'ELLE N'EXISTAIT PLUS !
ET PUIS, ELLE EST LÀ À MES PIEDS, MAJESTUEUSE, INTEMPORELLE, VIVANTE, FOISONNANTE.
C'EST UN SPECTACLE ABSOLUMENT UNIQUE DONT JE NE VEUX PERDRE AUCUNE IMAGE, AUCUNE SENSATION. C'EST SI GRANDIOSE ET SI FRAGILE À LA FOIS !

VOILÀ, C'EST CELUI-LÀ QUE JE VOULAIS TE MONTRER.
ÇA MONTRE QUE TU ES FORT, QUE TU AS DU COURAGE.
ET COMME ÇA, LES FILLES, ELLES TE REGARDENT !

CE FRUIT, IL PERMET AUSSI D'APPELER LES ESPRITS ET D'ÊTRE ACCEPTÉ PAR LA FORÊT.
TU VOIS, ÇA, C'EST LE GENRE D'ARBRES RARES QUE LES BLANCS VIENNENT CHERCHER. ILS COÛTENT CHER.
NOUS, LES NAMBIKWARAS, NOUS SOMMES LES PROTECTEURS DE LA FORÊT, ON EST LES GARDIENS. C'EST À NOUS DE LA PROTÉGER POUR SAUVER CES ARBRES.
AVEC LA FERME ET LES CHAMPS, ON GARDE UN PEU DE NOTRE CULTURE ICI. C'EST COMME ÇA QUE L'ON ARRIVE À SURVIVRE
SURVIVRE, OUI, C'EST PEUT-ÊTRE ÇA CE QUI PROVOQUE LA DÉFORESTATION, LA SURVIE.
ÇA SERAIT UNE PISTE À EXPLORER, EFFECTIVEMENT.

QUE CE SOIENT LES FERMIERS OU BIEN LES INDIENS, ON RETROUVE LE MÊME PROBLÈME, LA SURVIE. CE BESOIN DE TRAVAILLER POUR EXISTER DANS LA SOCIÉTÉ MODERNE.
OUI, ET IL NE FAUT PAS OUBLIER QUE L'ÉTAT BRÉSILIEN A LANCÉ UN VASTE PLAN DANS LES ANNÉES 1980 POUR RELANCER SON ÉCONOMIE. L'UN DES OBJECTIFS ÉTAIT DE S'APPROPRIER LES RICHESSES DE LA FORÊT.
DONC, CETTE SURVIE DES PLUS MODESTES APRÈS QUARANTE ANNÉES D'EXPLOITATION AVEC LA MAINMISE DES GRANDS GROUPES COMME AMAIGGI OU CARGILL SEMBLE LOGIQUE.
JE VAIS DEVOIR TE QUITTER, GILDAS. BON COURAGE ET À TRÈS VITE !
MERCI, CHARLES, C'ÉTAIT CHOUETTE DE POUVOIR TE PARLER CE SOIR, LE BRÉSIL ME QUESTIONNE BEAUCOUP...

JE ME TROUVE MAINTENANT À QUELQUES KILOMÈTRES DE LA GAMBIE, EN CASAMANCE, DANS LE SUD DU SÉNÉGAL. C'EST ICI QUE SE TROUVE L'UN DES BOIS LES PLUS PRÉCIEUX DE LA PLANÈTE...
... PTEROCARPUS ERINACEUS, LE BOIS DE VÈNE, AUTREMENT APPELÉ BOIS DE ROSE.

JE VEUX SUIVRE LA VIE D'UN ARBRE TRAFIQUÉ DEPUIS SA COUPE JUSQU'À SON DÉPART NON AUTORISÉ DU PAYS... COMPRENDRE LES RAISONS DE CE DRAME SILENCIEUX.
C'EST UN TRAVAIL DANGEREUX.
BEAUCOUP DE JEUNES PRENNENT DES RISQUES INSENSÉS PARCE QUE LE BOIS SE VEND TRÈS CHER À L'AUTRE BOUT DE LA PLANÈTE.
HABITUELLEMENT, PERSONNE NE VIENT AUSSI LOIN DANS LA FORÊT À CETTE HEURE AUSSI AVANCÉE. C'EST À CAUSE DES ESPRITS QUI VIVENT DANS LES BOIS.
MAIS CE RESPECT N'EXISTE PLUS DEPUIS QUE LES BÛCHERONS COUPENT LES ARBRES PRESQUE TOUTES LES NUITS...
CES JEUNES FONT PARTIE DES MILLIERS D'AUTRES QUI TRANSGRESSENT LA LOI...
C'EST UN COMMERCE QUI CORROMPT LES COMMUNAUTÉS ET QUI ACCÉLÈRE LA DESTRUCTION DES FORÊTS, QUI POUSSE LES JEUNES DÉSESPÉRÉS VERS LES VILLES.

JE SAIS QUE JE NE DOIS PAS COUPER LE BOIS DE ROSE. QUE C'EST INTERDIT...
MAIS ÇA RAPPORTE BEAUCOUP ET VITE. ICI LA VIE EST DIFFICILE. LA TERRE DEVIENT STÉRILE UN PEU PARTOUT. ALORS, DÈS QUE TU PEUX GAGNER UN PEU D'ARGENT, TU LE FAIS, TU DISCUTES PAS...
TOUT LE MONDE FAIT ÇA, ICI. C'EST DE L'ARGENT FACILE ET RAPIDE. POURQUOI JE POURRAIS PAS LE FAIRE MOI AUSSI ?
QUE CE SOIT ICI OU AU BRÉSIL, JE RETROUVE UNE MÊME CONSTANTE, SURVIVRE...

C'EST LA PREMIÈRE ÉTAPE DE CE VOYAGE INTERDIT. LE BOIS FRAÎCHEMENT COUPÉ EST TRANSPORTÉ PUIS VENDU DANS UN DÉPÔT ILLÉGAL DE L'AUTRE CÔTÉ DE LA FRONTIÈRE.

J'AI L'IMPRESSION QUE CE SONT TOUJOURS LES MÊMES QUI SONT AU CŒUR DE CES TRAGÉDIES.
DES PETITES MAINS QUI S'AJOUTENT À D'AUTRES PETITES MAINS.
LES TERRES CULTIVABLES DEVIENNENT RARES AVEC LA CRISE CLIMATIQUE ET CELA POUSSE À L'ILLÉGALITÉ.
C'EST OK POUR LE GARS ! IL VEUT BIEN NOUS PRENDRE À BORD DE SON CAMION, MAIS FAUDRA PAS TROP LUI EN DEMANDER.
IL PRÉFÈRE NE PAS ÊTRE RECONNU. LE BOIS EST PRÉCIEUX ET IL POURRAIT PERDRE SON COMMERCE.

JE M'APPELLE SAMUEL N'DOMBÉLÉ.
AVANT, J'AIDAIS MES PARENTS À CULTIVER DANS LES CHAMPS PLUS AU SUD. MAIS LES TERRES SONT DEVENUES TROP SÈCHES ET CAILLOUTEUSES. PLUS RIEN N'Y POUSSE DEPUIS DES ANNÉES.
LES CONSÉQUENCES DU RÉCHAUFFEMENT CLIMATIQUE ?

FAUT TRAVAILLER ET GAGNER DES SOUS, C'EST ÇA LE PLUS IMPORTANT. ALORS JE SUIS PARTI POUR LA VILLE, COMME TOUT LE MONDE.
PEUT-ÊTRE. TU SAIS, POUR NOUS, C'EST UN PROBLÈME DE RICHES... ON N'EN PARLE PAS VRAIMENT...
TU PRENDS CE QUI VIENT COMME BOULOT. MOI, J'AI COMMENCÉ PAR LE CACAO, COMME PAS MAL DE GAMINS, ET PUIS ENSUITE JE ME SUIS MIS À FAIRE DU BOIS. ÇA RAPPORTE BEAUCOUP, LE BOIS DE ROSE.
POURTANT, DEPUIS 2017, LE BOIS DE ROSE EST SOUS PROTECTION INTERNATIONALE ET MENACÉ D'EXTINCTION !
OUI, MAIS TU SAIS, TOUT LE MONDE FERME LES YEUX PAR ICI. LE COMMERCE EST TROP IMPORTANT ET JE...

C'EST DU BOIS DE VÈNE DANS LA REMORQUE ? T'AS LES PAPIERS AVEC TOI ?
J'AI DES PAPIERS OFFICIELS POUR LE TRANSPORT VERS LA GAMBIE.
T'AS PAS LE DROIT DE TRANS-PORTER PLUS DE VINGT TRONCS. J'EN AI COMPTÉ BEAUCOUP PLUS !
JE NE SAVAIS PAS, ON M'A RIEN DIT LÀ-DESSUS. C'EST UN NOUVEAU QUOTA ?
OK, DESCENDEZ TOUS, ÇA NE VA PAS, LÀ !

TU AS CHARGÉ 28 RONDINS, TU TE MOQUES DE MOI ! LE MINISTRE A FIXÉ À 20 RONDINS ET TU EN AS VOLÉ 8 DE PLUS !
NON NON, JE NE SAVAIS PAS, PROMIS ! J'AI CHARGÉ MON CAMION COMME D'HABITUDE !
JE PEUX TE FAIRE ARRÊTER POUR TRAFIC DE BOIS PROTÉGÉ ET T'ENVOYER DIRECTEMENT EN PRISON ! TU LE SAIS, ÇA !
ET TOI, LE JOURNALISTE, TU FILMES PAS. TU VAS PERDRE TON PASSEPORT ET TON MATÉRIEL. TU TE CROIS TOUT PERMIS COMME LES AUTRES ! MAIS ICI, C'EST MOI QUI FIXE LES RÈGLES.
APRÈS, ON PEUT S'ARRANGER ET TOUT SE PASSERA BIEN.

S'ARRANGER, C'EST PRÉLEVER UNE TAXE PERSONNELLE.
LA DÉFORESTATION C'EST AUSSI ÇA, DU BOIS PROTÉGÉ QUI N'EN FINIT PLUS D'ATTIRER LES CONVOITISES, MÊME LES PLUS RECULÉES.
J'AI LE CŒUR QUI BAT LA CHAMADE, LES MUSCLES EN FUSION.
JE NE SAIS PAS SI C'EST À CAUSE DE LA PEUR PROVOQUÉE PAR LES ARMES...
... OU PAR DÉGOÛT.

C'EST NORMAL, CE GENRE DE CONTRÔLE, TOUT LE MONDE SE SERT. JE SAVAIS QU'ILS EN PRENDRAIENT UN PEU, ALORS J'AI PRIS PLUS DE TRONCS DANS LE STOCK.
TU ÉTAIS AU COURANT POUR LES NOUVEAUX QUOTAS ?
LES FONCTIONNAIRES CHANGENT TOUT LE TEMPS LES RÈGLES. UN COUP TU PEUX, UN COUP TU PEUX PAS. PARFOIS, ON TE MET DES AMENDES ET D'AUTRES FOIS, ON TE DEMANDE D'EN CHARGER UN MAXIMUM... C'EST POUR LEUR BUSINESS.
TU SAIS, CE QUI COMPTE À LA FIN, C'EST DE GAGNER DE L'ARGENT. LA VIE EST TROP DURE PAR CHEZ NOUS. ALORS ON FAIT TOUS LA MÊME CHOSE...

C'EST 1500 POUR LES NOUVELLES AUTORISATIONS.
LE TRAFIC D'ARBRES RARES N'EST PAS L'UNIQUE RAISON DE CETTE DÉFORESTATION EN TERRE AFRICAINE.

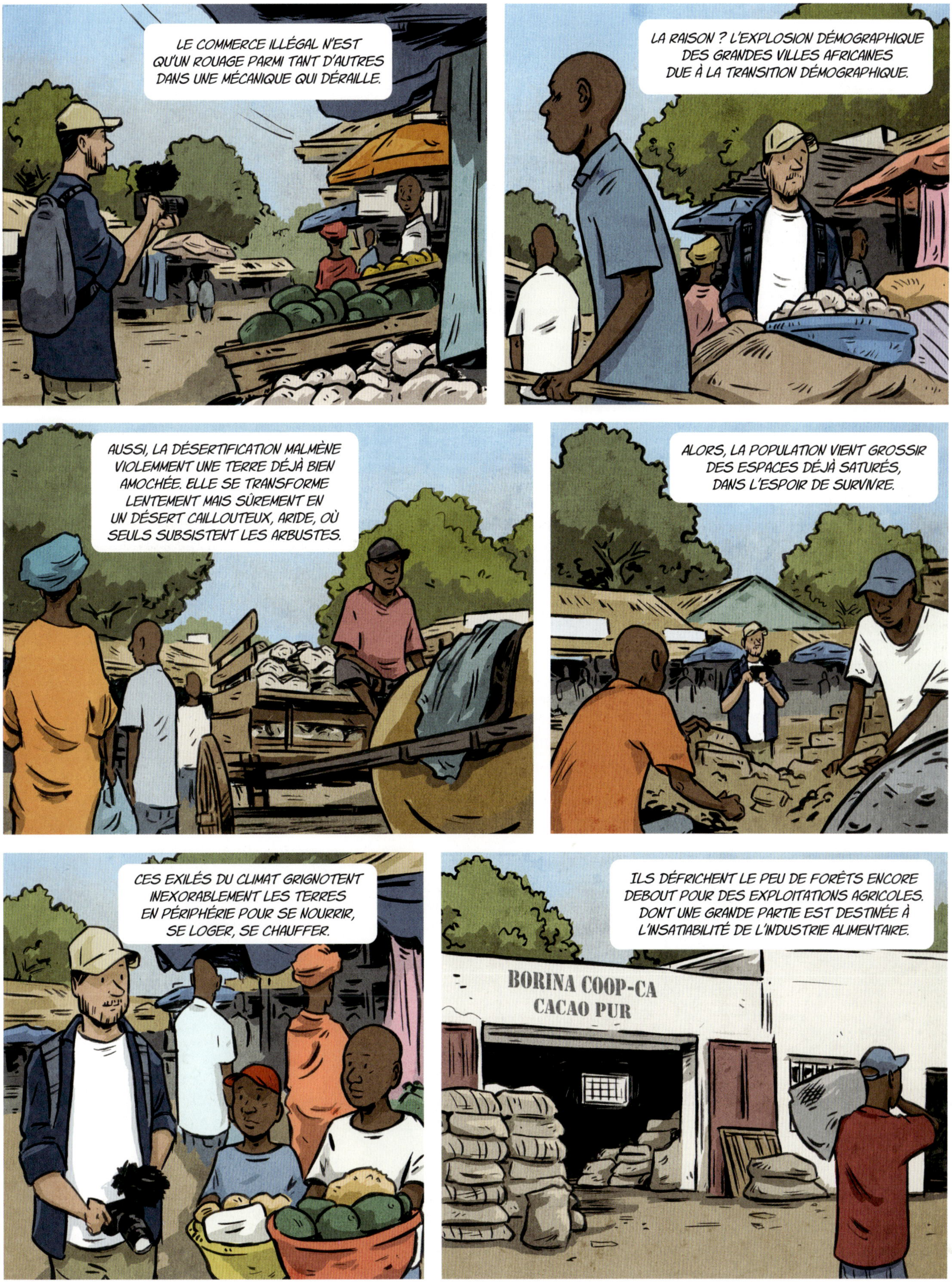
LE COMMERCE ILLÉGAL N'EST QU'UN ROUAGE PARMI TANT D'AUTRES DANS UNE MÉCANIQUE QUI DÉRAILLE.
LA RAISON ? L'EXPLOSION DÉMOGRAPHIQUE DES GRANDES VILLES AFRICAINES DUE À LA TRANSITION DÉMOGRAPHIQUE.
AUSSI, LA DÉSERTIFICATION MALMÈNE VIOLEMMENT UNE TERRE DÉJÀ BIEN AMOCHÉE. ELLE SE TRANSFORME LENTEMENT MAIS SÛREMENT EN UN DÉSERT CAILLOUTEUX, ARIDE, OÙ SEULS SUBSISTENT LES ARBUSTES.
ALORS, LA POPULATION VIENT GROSSIR DES ESPACES DÉJÀ SATURÉS, DANS L'ESPOIR DE SURVIVRE.
CES EXILÉS DU CLIMAT GRIGNOTENT INEXORABLEMENT LES TERRES EN PÉRIPHÉRIE POUR SE NOURRIR, SE LOGER, SE CHAUFFER.
ILS DÉFRICHENT LE PEU DE FORÊTS ENCORE DEBOUT POUR DES EXPLOITATIONS AGRICOLES. DONT UNE GRANDE PARTIE EST DESTINÉE À L'INSATIABILITÉ DE L'INDUSTRIE ALIMENTAIRE.
BORINA COOP-CA
CACAO PUR

ÇA FAIT SIX ANS QUE JE TRAVAILLE DANS LE CACAO. ÇA MARCHE BIEN.
TU CULTIVES TA PROPRE PARCELLE, ABDOU ?
OUAIS, J'AI OBTENU LE DROIT DE L'EXPLOITER. MAIS IL A FALLU LA PRÉPARER D'ABORD.
ÇA PREND UN OU DEUX ANS ENTRE LA COUPE DES ARBRES ET LA PLANTATION DES CACAOTIERS.
TU CULTIVES OÙ ? C'EST LOIN D'ICI ?

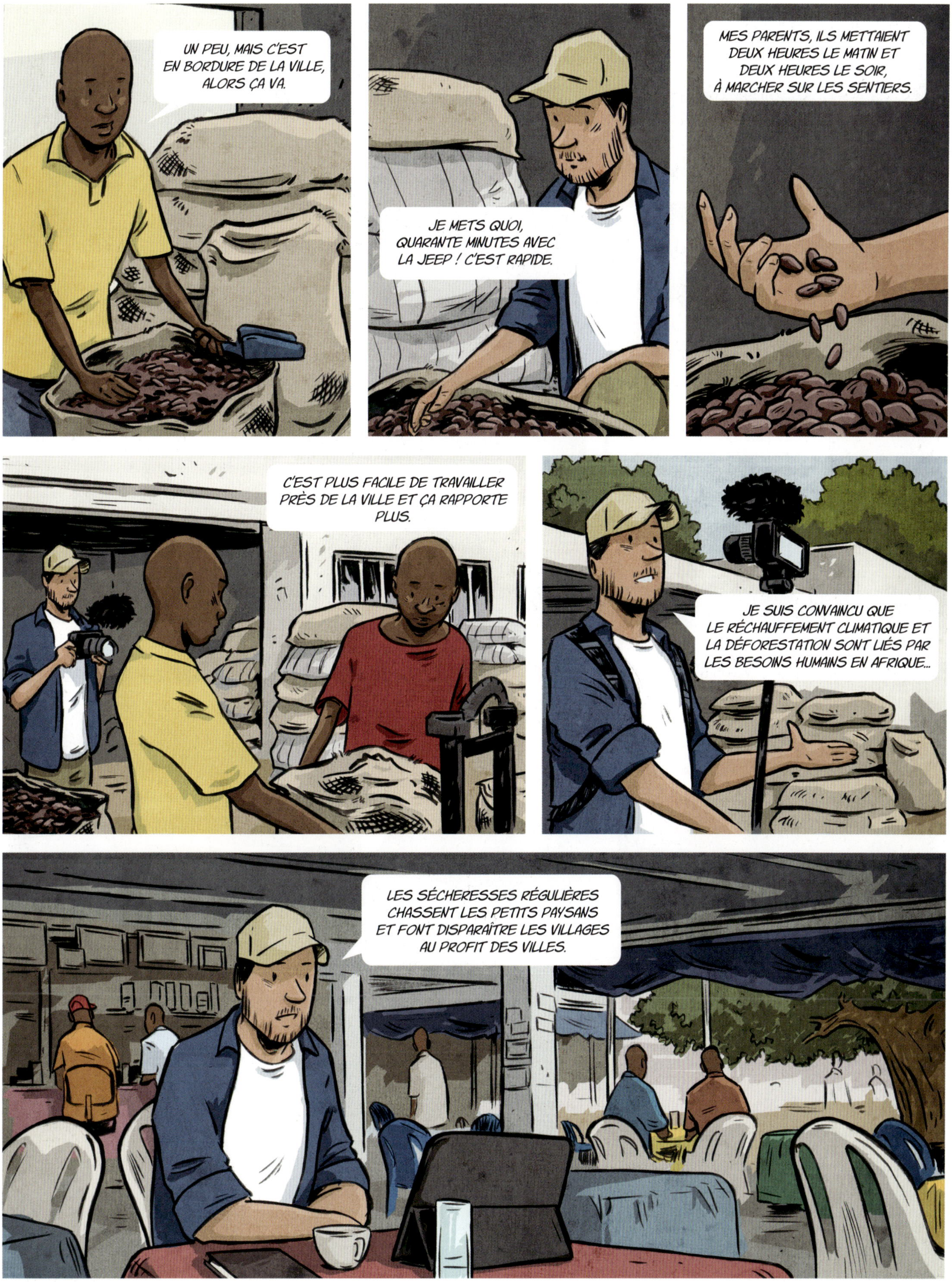
UN PEU, MAIS C'EST EN BORDURE DE LA VILLE, ALORS ÇA VA.
JE METS QUOI, QUARANTE MINUTES AVEC LA JEEP ! C'EST RAPIDE.
MES PARENTS, ILS METTAIENT DEUX HEURES LE MATIN ET DEUX HEURES LE SOIR, À MARCHER SUR LES SENTIERS.
C'EST PLUS FACILE DE TRAVAILLER PRÈS DE LA VILLE ET ÇA RAPPORTE PLUS.
JE SUIS CONVAINCU QUE LE RÉCHAUFFEMENT CLIMATIQUE ET LA DÉFORESTATION SONT LIÉS PAR LES BESOINS HUMAINS EN AFRIQUE...
LES SÉCHERESSES RÉGULIÈRES CHASSENT LES PETITS PAYSANS ET FONT DISPARAÎTRE LES VILLAGES AU PROFIT DES VILLES.

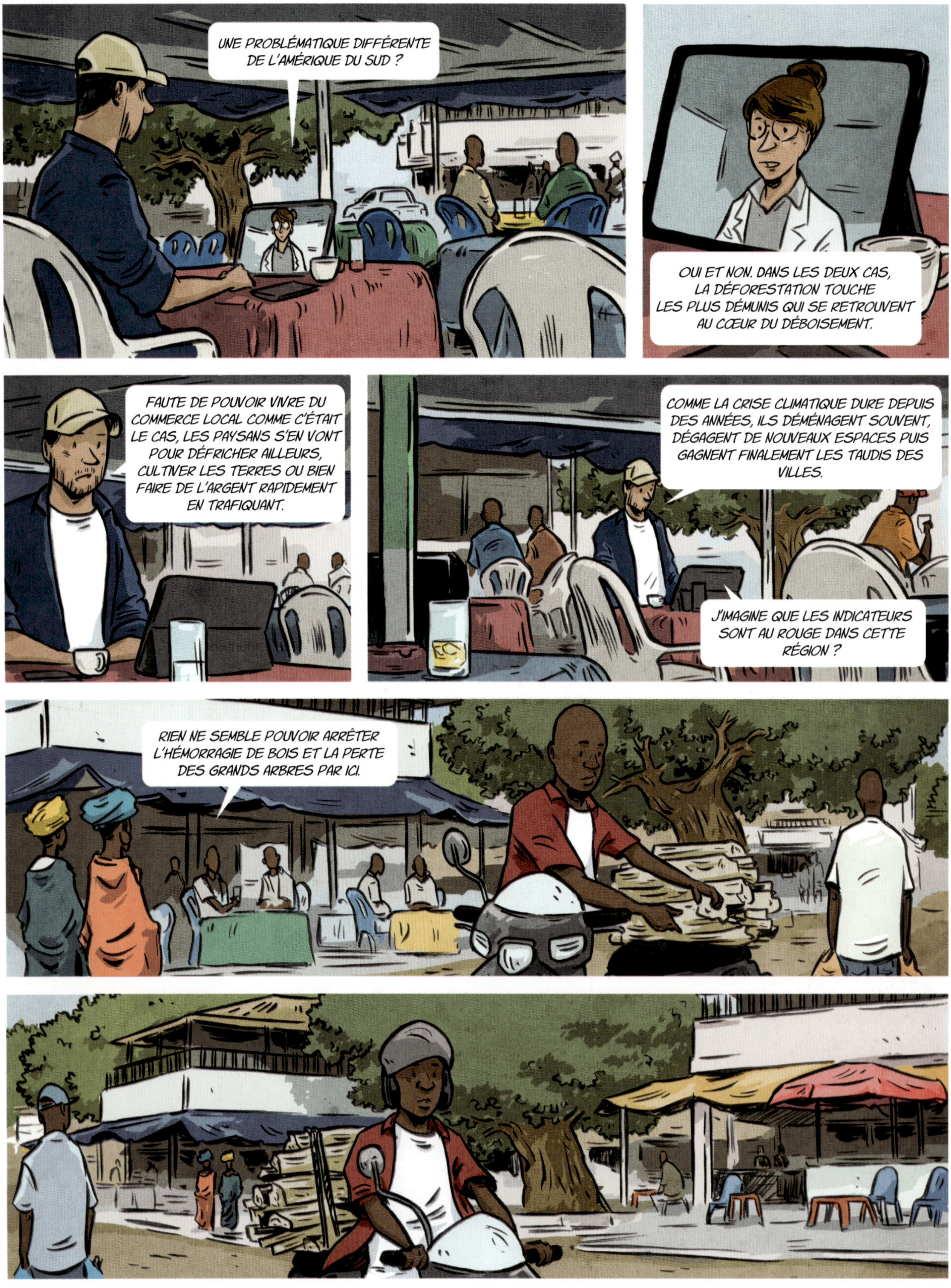
UNE PROBLÉMATIQUE DIFFÉRENTE DE L'AMÉRIQUE DU SUD ?
OUI ET NON. DANS LES DEUX CAS, LA DÉFORESTATION TOUCHE LES PLUS DÉMUNIS QUI SE RETROUVENT AU CŒUR DU DÉBOISEMENT.
FAUTE DE POUVOIR VIVRE DU COMMERCE LOCAL COMME C'ÉTAIT LE CAS, LES PAYSANS S'EN VONT POUR DÉFRICHER AILLEURS, CULTIVER LES TERRES OU BIEN FAIRE DE L'ARGENT RAPIDEMENT EN TRAFIQUANT.
COMME LA CRISE CLIMATIQUE DURE DEPUIS DES ANNÉES, ILS DÉMÉNAGENT SOUVENT, DÉGAGENT DE NOUVEAUX ESPACES PUIS GAGNENT FINALEMENT LES TAUDIS DES VILLES.
J'IMAGINE QUE LES INDICATEURS SONT AU ROUGE DANS CETTE RÉGION ?
RIEN NE SEMBLE POUVOIR ARRÊTER L'HÉMORRAGIE DE BOIS ET LA PERTE DES GRANDS ARBRES PAR ICI.

ÇA FAIT UN MAL DE CHIEN, CES TRUCS !
FAUT PAS RESTER TROP LONGTEMPS ASSIS AU MÊME ENDROIT ! LES SANGSUES N'ATTENDENT QUE ÇA !
IL NOUS RESTE ENCORE UNE HEURE ET DEMIE DE MARCHE, PEUT-ÊTRE DEUX AVANT D'ATTEINDRE LA PARCELLE.
POUR FINIR MON REPORTAGE, J'AI CHOISI DE SUIVRE ÉMILIE DEROSARIA, AU CŒUR DE LA FORÊT PRIMAIRE DE BORNÉO...
ÉMILIE EST UNE ANCIENNE JOURNALISTE D'INVESTIGATION QUI VIT DEPUIS PLUS DE QUINZE ANS SUR L'ÎLE.
ON NE DOIT PAS ÊTRE LOIN DES BULLDOZERS.
ELLE A FONDÉ ALLTREE-FOUNDATION, UNE ASSOCIATION DESTINÉE À EXPLOITER RAISONNABLEMENT LA FORÊT MALAISIENNE TOUT EN PRÉSERVANT SA BIODIVERSITÉ.

AVEC ALLTREE-FOUNDATION, ÉMILIE A IMAGINÉ UNE RÉPONSE AUX ENJEUX GÉOPOLITIQUES ET ÉCONOMIQUES LIÉS À LA DÉFORESTATION.
DANS CE COIN DU GLOBE, IL NE RESTE PLUS QUE 5 % DE LA SURFACE FORESTIÈRE PRIMAIRE.
DEPUIS PLUS DE VINGT ANS, L'EXPLOITATION FRÉNÉTIQUE DU CHARBON ET DE L'HUILE DE PALME A TRANSFORMÉ IRRÉMÉDIABLEMENT LE PAYSAGE.
À CELA IL FAUT AJOUTER LA PAUVRETÉ DES HABITANTS QUI N'ONT D'AUTRE SOLUTION QUE DE PARTICIPER À LA CULTURE INTENSIVE POUR SURVIVRE.
EXEMPLE TYPIQUE DES QUINZE DERNIÈRES ANNÉES, DANS QUELQUES MOIS TU VERRAS ICI DES TERRASSES DE PALMIERS À HUILE À LA PLACE DES ARBRES.

ALORS ÉMILIE A IMAGINÉ UN PLAN ASSEZ AMBITIEUX...
ALLTREE-FOUNDATION ACHÈTE LE MAXIMUM DE TERRES ENCORE PRÉSERVÉES MAIS DE MANIÈRE FRACTIONNÉE.
... POUR IMPLIQUER TOUS LES ACTEURS LOCAUX SUR UN PROJET COMMUN.
EN ACQUÉRANT DES PETITES PARCELLES DISJOINTES, ELLE EMPÊCHE AINSI LES GRANDS GROUPES DE CONTINUER À DÉVORER DES ESPACES ENTIERS.
MAIS L'ASSOCIATION NE SE CONTENTE PAS D'ACHETER DES TERRAINS. ALLTREE-FOUNDATION IMPLIQUE LES ACTEURS LOCAUX DANS LA GESTION RAISONNABLE DE CES PARCELLES.

LES ORANGS-OUTANS SE REPLIENT VERS CETTE ZONE DE LA FORÊT QUI N'EST PAS ENCORE EXPLOITÉE.
LE PROBLÈME, C'EST LE NOMBRE CROISSANT DE SINGES QUI SE RÉUNISSENT DANS DES ESPACES DE PLUS EN PLUS RÉDUITS.
CETTE DENSITÉ PROVOQUE DES CONFLITS DE TERRITOIRE ALORS QUE CETTE ESPÈCE EST PLUTÔT PACIFIQUE.

VOILÀ, C'EST ICI QUE COMMENCE NOTRE TERRAIN. COMME TU VOIS, GILDAS, C'EST ASSEZ EXPLICITE...
ÇA DISSUADE VRAIMENT LES EXPLOITANTS, CE GENRE DE FRONTIÈRE ?
PAS VRAIMENT... C'EST PLUS SYMBOLIQUE QU'AUTRE CHOSE. MAIS AU MOINS, NOTRE PRÉSENCE SE REMARQUE !

SALUT, CORENTIN ! TU BOSSES ENCORE SUR TON ÉTUDE D'EXCRÉMENTS DE SINGES GIBBONS ?
AH NON, C'EST SUR LA NIDIFICATION DES BUCÉROTIDÉS, MAINTENANT !
IL EST UN PEU BARRÉ, MAIS C'EST L'UN DES MEILLEURS NATURALISTES FORESTIERS AU MONDE.

SI NOUS LAISSONS FAIRE LES COMPAGNIES, JE TE PARIE QUE DANS DIX ANS, ICI, LES BOIS RARES SERONT ABATTUS, PUIS REMPLACÉS PAR DES PALMIERS À HUILE.
IL FAUT QUE LES GENS EN PRENNENT CONSCIENCE. CE N'EST PAS POUR LES CULPABILISER, MAIS LA FORÊT ET TOUTE SA BIODIVERSITÉ AURONT TOTALEMENT DISPARU SANS ACTION DE NOTRE PART ! NOUS DEVONS AGIR À NOTRE NIVEAU.
LA FORÊT DANS LAQUELLE NOUS NOUS TROUVONS EST NON SEULEMENT UN RÉGULATEUR CLIMATIQUE MAIS AUSSI UNE RESSOURCE UNIQUE.
OK, ON ENTEND PARLER RÉGULIÈREMENT DE CETTE CATASTROPHE MAIS CONCRÈTEMENT, QUE FAIRE ? LES INTÉRÊTS FINANCIERS ET SOCIAUX SONT IMMENSES. LA SURVIE DE MILLIERS DE PERSONNES DÉPEND DE CETTE ÉCONOMIE.
EH BIEN, TU ES ICI SUR UN TERRAIN D'EXPÉRIMENTATION POUR DÉMONTRER QUE NOUS POUVONS PROCÉDER DIFFÉREMMENT TOUT EN RESPECTANT LA NATURE.
NOUS TESTONS DIFFÉRENTES CULTURES DE PALMIER À HUILE AVEC UNE OCCUPATION DES SOLS RÉFLÉCHIE : NE PAS TOUT RASER MAIS EXPLOITER EN SYMBIOSE POUR PRÉSERVER LES ARBRES RARES...
NOUS TRAVAILLONS AUSSI SUR UN PROTOCOLE POUR COHABITER AVEC LES « PERSONNES DE LA FORÊT », LES ORANGS-OUTANS, TOUT EN RÉPONDANT AUX BESOINS ÉCONOMIQUES.
ET COMMENT TU INTÈGRES LES LOCAUX À TON PROJET ?

CHACUN DOIT POUVOIR S'ADAPTER EN RESPECTANT LE BESOIN DE L'AUTRE. MAIS POUR ÇA, IL EST NÉCESSAIRE DE DISPOSER DE MOYENS.
ON LES FORME COMME GARDES FORESTIERS OU RANGERS. ON ESPÈRE AUSSI SIGNER PROCHAINEMENT UN PROGRAMME POUR CRÉER UN PARC NATUREL AVEC UNE RÉGLEMENTATION SPÉCIFIQUE...
TRAKTOR BERADA DI HUTAN* !
* LES TRACTEURS SONT DANS LA FORÊT.
ET C'EST REPARTI ! UNE INCURSION ILLÉGALE DES COMPAGNIES ! C'EST TOUJOURS LA MÊME HISTOIRE PAR ICI !...
TU PEUX FAIRE UN TOUR DANS LE CAMP ! C'EST IMPORTANT QUE TU PUISSES MONTRER QU'IL EXISTE D'AUTRES MANIÈRES DE GÉRER L'ESPACE FORESTIER.
JAKARTA

C'EST TOUJOURS UN MOMENT PARTICULIER QUAND JE TERMINE UN REPORTAGE SUR LE TERRAIN.
JAKARTA AIRPORT
CDG 1
HALL 2
J'AI L'ESPRIT REMPLI DE SOUVENIRS ET DE RENCONTRES.
ET PUIS IL Y A DES SUJETS QUI ME TOUCHENT PLUS QUE D'AUTRES. ALORS, J'AI BESOIN D'UN PEU DE TEMPS POUR REPRENDRE PIED.

SALUT, CÉLINE !
AH, BONJOUR, GILDAS ! TU ES DE RETOUR ?
OUI, JE SUIS RENTRÉ DEPUIS QUELQUES JOURS. J'AVAIS BESOIN DE ME POSER...
ON SE VOIT BIENTÔT ?

MISTER GEOPOLITIX

L'AVENTURE GÉOPOLITIQUE

DOSSIER LA DÉFORESTATION

OÙ SE TROUVENT LES FORÊTS DANS LE MONDE ?

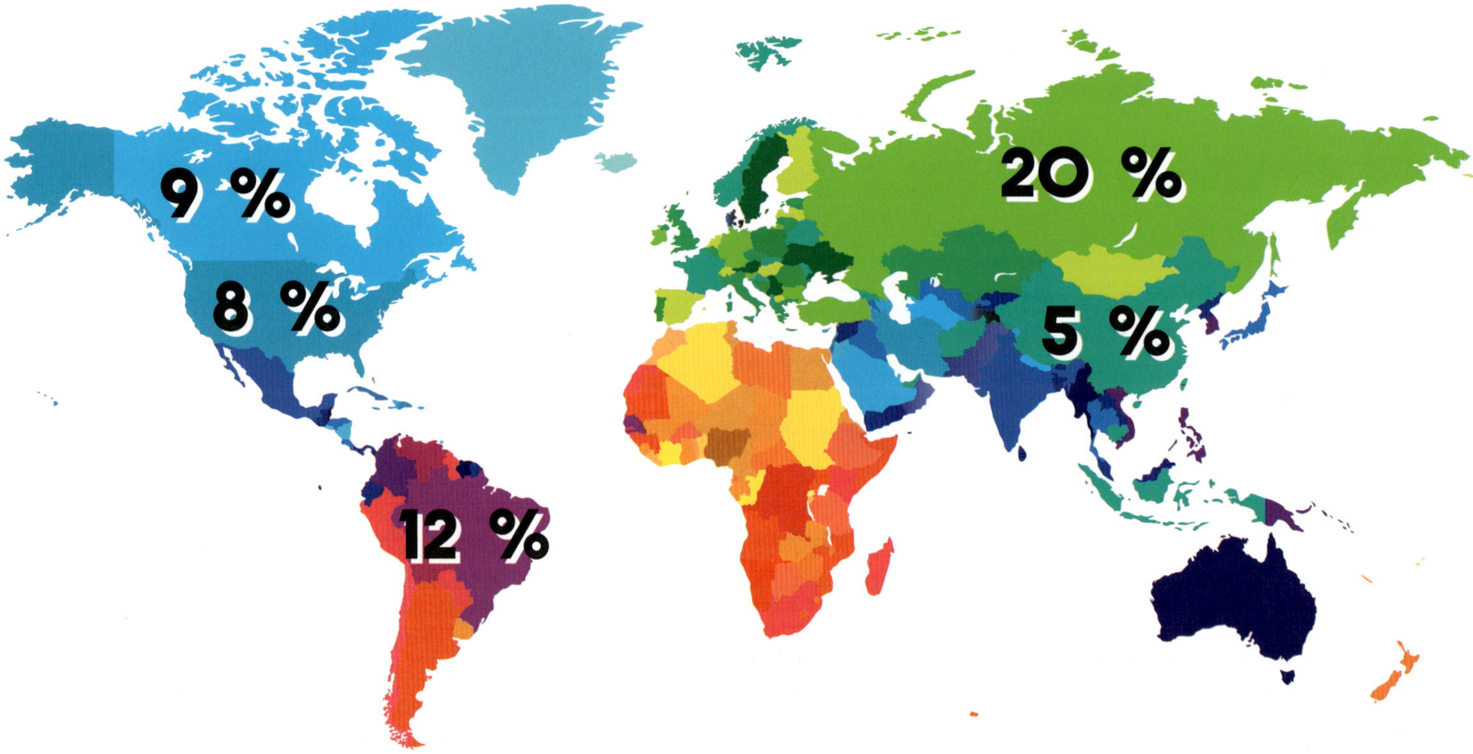

Les forêts occupent 31 % des terres émergées mais ne se répartissent pas de manière égale sur la surface du globe. Plus de la moitié des forêts de la planète sont comprises dans cinq pays seulement : Fédération de Russie (20 %), Brésil (12 %), Canada (9 %), États-Unis d'Amérique (8 %) et République populaire de Chine (5 %).

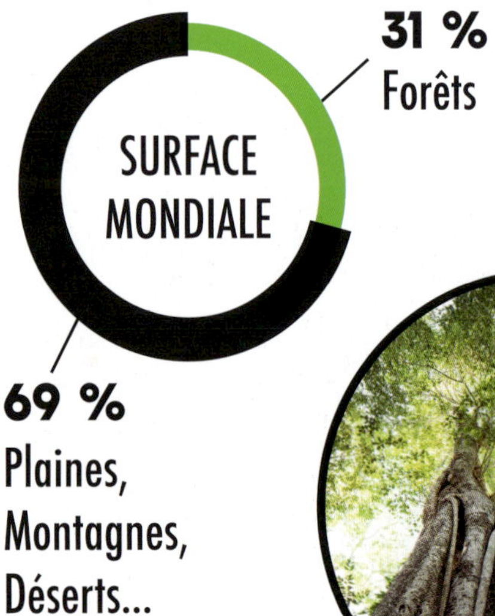

La moitié de la superficie forestière mondiale est relativement intacte, tandis que 9 % se présentent sous forme de fragments forestiers isolés ou très faiblement reliés entre eux. Parmi les plus fragmentées, on retrouve les forêts subtropicales sèches et les forêts océaniques tempérées. Aussi, on estime que 34 % des forêts de la planète sont des forêts primaires, définies comme « forêts naturellement régénérées d'essences indigènes où aucune trace d'activité humaine n'est clairement visible et où les processus écologiques ne sont pas sensiblement perturbés.

Forêt boréale

Forêt subtropicale sèche

Forêt pluviale tropicale

Forêt océanique tempérée

COMMENT ÉVOLUE LA DÉFORESTATION ?

Le nombre d'arbres sur Terre n'est pas un quota fixe auquel on viendrait soustraire peu à peu ceux qui sont coupés chaque année.
Il s'agit d'un environnement naturel qui évolue : les forêts se réduisent dans certains pays, gagnent du terrain dans d'autres (par extension naturelle ou par des efforts déployés dans ce sens) ou se maintiennent.

Cependant, la tendance de fond n'est pas bonne. Depuis 1990, on coupe chaque année plus d'arbres qu'il n'en pousse. Le dernier rapport de l'Organisation des Nations unies pour l'alimentation et l'agriculture (FAO, 2020) vient confirmer que la déforestation se poursuit à un rythme préoccupant : entre 1990 et 2020, les forêts du globe ont perdu une superficie équivalente à celle de la Libye.

Cela entraîne de nombreuses conséquences négatives même si l'on observe une légère baisse des coupes au fil des années. L'objectif fixé par le Plan stratégique des Nations unies sur les forêts prévoit une augmentation de 3 % de la superficie forestière d'ici à l'année 2030, il faut encore fournir de gros efforts pour y arriver !

Pourtant, chaque région du monde n'est pas concernée de la même manière. On observe qu'entre 1990 et 2020 :
En Asie et en Europe, il y a eu plus d'arbres qui ont poussé que d'arbres qui ont été coupés.
En Océanie et en Amérique du Nord, les forêts se sont maintenues, avec une très faible oscillation entre déforestation et expansion des forêts.

En Afrique et en Amérique latine, on a coupé beaucoup plus d'arbres que ce qu'il en a poussé.

ÉVOLUTION DU COUVERT FORESTIER DANS LE MONDE DE 1990 À 2020

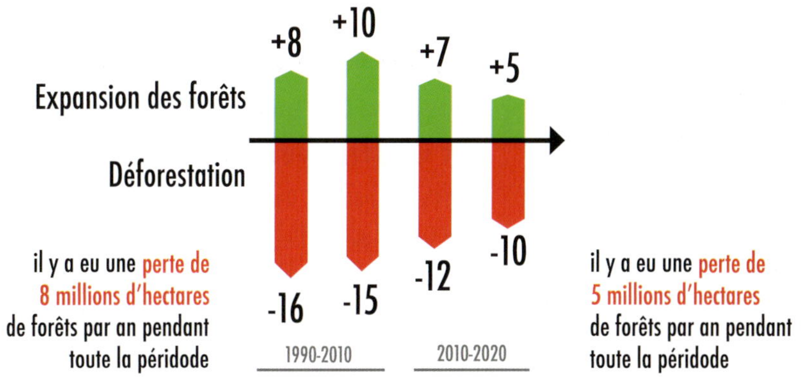

POURQUOI COUPE-T-ON DES ARBRES ?

L'expansion de l'agriculture reste le facteur principal de la déforestation, de la fragmentation des forêts et de la perte de biodiversité qui en résulte. On distingue deux formes différentes d'agriculture dans les régions tropicales entre 2000 et 2010 : l'agriculture commerciale à grande échelle (principalement l'élevage de bétail, la culture du soja et du palmier à huile) qui a été responsable de 40 % de la déforestation, tandis que 33 % sont imputables à l'agriculture vivrière (en général des plus petites productions pour une consommation locale). Pour résumer, 73 % des forêts coupées dans ces régions entre 2000 et 2010 ont été déboisées afin d'utiliser l'espace pour l'agriculture.

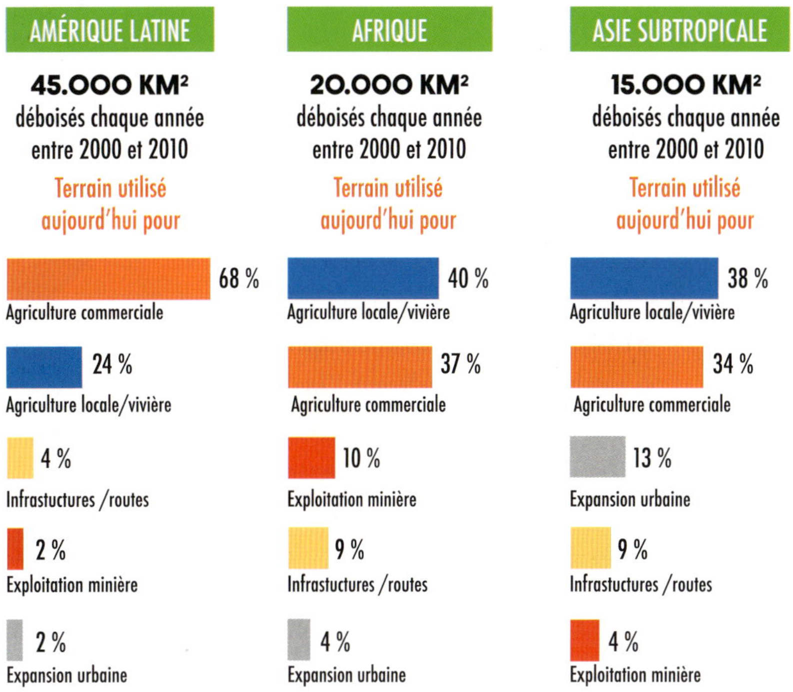

QUELLES SONT LES CONSÉQUENCES DE LA DÉFORESTATION ?

La perte de ces espaces boisés provoque des incidences négatives sur de nombreux plans : environnemental, climatique, humain, agricole, sanitaire… Cela touche aussi à l'accès à l'eau et même à la résilience de certains organismes… au fond des mers ! Que l'on parle des causes ou bien des conséquences de la déforestation, on retrouve cette similitude : tout est interconnecté, les forêts ne sont pas coupées du monde !

Lutte contre le changement climatique : ce qui est paradoxal, c'est que l'on déforeste majoritairement pour développer l'agriculture. Or, étant donné les évolutions du dérèglement climatique, la résilience des systèmes alimentaires dépend directement de la biodiversité des forêts. Des espèces d'arbres et d'arbustes adaptées aux terres arides aident les hommes dans leur lutte contre la désertification ; insectes, chauve-souris et oiseaux sylvestres pollinisent les cultures ; dans les écosystèmes de montagne, des arbres aux vastes systèmes racinaires empêchent l'érosion des sols ; et les essences de la mangrove contribuent à la résilience face aux inondations des littoraux. Le changement climatique accentuant les risques qui pèsent sur les systèmes alimentaires, le rôle des forêts dans la fixation et le stockage du carbone, et donc l'atténuation des dérèglements du climat, revêt une importance croissante pour le secteur agricole.

La perte de biodiversité : des forêts boréales du Grand Nord aux forêts tropicales humides, ces espaces boisés comptent globalement plus de 60 000 espèces d'arbres différentes. Ils procurent un habitat à 80 % des espèces d'amphibiens, 75 % des espèces d'oiseaux et 68 % des espèces de mammifères. La mangrove abrite des frayères et des alevinières pour de nombreuses espèces de poissons, de mollusques et de crustacés. Elle contribue aussi à retenir des sédiments potentiellement nocifs pour les herbiers marins et les récifs coralliens, lesquels constituent des habitats pour la vie sous-marine.

Diminution de la ressource en eau : les forêts permettent aux nappes phréatiques de se reconstituer. Il faut voir ces zones comme de grands réservoirs d'eau : les bassins-versants forestiers, avec leurs denses réseaux de racines, captent l'eau et la retiennent dans le sol, apportant naturellement de quoi lutter contre la sécheresse, l'érosion et la désertification. On estime que les deux tiers des grandes villes des pays en développement dépendent des forêts pour leur approvisionnement en eau potable.

Populations autochtones et sécurité humaine : on vient de voir que nous sommes tous tributaires des forêts, mais certains le sont plus que d'autres. Loin de l'image, souvent cliché, des forêts impénétrables et vierges de toute vie humaine, des populations vivent, chassent et s'alimentent dans ces espaces depuis des milliers d'années. Parmi elles, on retrouve une grande partie des 370 millions de personnes issues de communautés autochtones. L'Unesco explique qu'elles sont les gardiennes de 80 % de la biodiversité mondiale, car elles gèrent leurs territoires durablement. À certains endroits, la déforestation grignote leur habitat, ce qui les oblige à migrer et/ou s'enfoncer dans la grande pauvreté, dès lors incapables d'assurer leur propre survie sur leur territoire.

Références

- Rapport de l'Organisation des Nations unies pour l'alimentation et l'agriculture : FAO et PNUE. 2020. La situation des forêts du monde 2020. Forêts, biodiversité et activité humaine.
- Rapport du WWF 2021. Les Fronts de déforestation.
- Rapport de l'étude de l'Inra Novembre 2017
- Journaux et émissions :
- Le Dessous des cartes, le Monde, France Info, Envoyé Spécial.

Liens Internet :

www.fao.org/3/ca8642fr/online/ca8642fr.html
www.inrae.fr/sites/default/files/pdf/etude-forets-bois-et-changement-climatique-rapport-2.pdf

À mes parents, pour m'avoir donné le goût du voyage et leur soutien,
et tous ceux présents tout au long de cette aventure,
pour leur confiance et leurs encouragements, merci à vous.

ADRIEN MARTIN

Un livre ne peut se faire sans regard extérieur ni conseils avisés.
Je tiens à remercier Gildas et Adrien pour leur confiance et la justesse
de leurs observations, Jean et Lorène pour leurs encouragements
et l'indispensable soutien technique.
Une pensée enfin pour tous ceux qui ont été présents de près ou de loin :
je sais combien votre aide a été précieuse.

LUDOVIC DANJOU

Éditeur : Jean Wacquet

Soleil
44, rue Baudin
83000 Toulon – France

Soleil Paris
8, rue Léon Jouhaux
75010 Paris – France

Conception et réalisation graphique : Studio Delcourt/Soleil – Karine Picault

Dépôt légal : Avril 2021 – ISBN : 978-2-302-09303-4
Première édition

Achevé d'imprimer en mars 2021
sur les presses de l'imprimerie PPO, à Palaiseau, France.

www.editions-soleil.fr

ÉDITION DU 01 SEPTEMBRE
INCENDIES !
DE VIOLENTS INCENDIES CONTINUENT DE RÉDUIRE LA FORÊT AMAZONIENNE
LOREM IPSUM DOLOR SIT AMET, CONSECTETUR ADIPISCING ELIT. CURABITUR MAURIS VELIT, PULVINAR VITAE ENIM AC, MAXIMUS ALIQUET AUGUE. VESTIBULUM GRAVIDA NUNC EROS, QUIS PRETIUM NIBH PORTA FERMENTUM. VESTIBULUM ANTE IPSUM PRIMIS IN FAUCIBUS ORCI LUCTUS ET ULTRICES POSUERE CUBILIA CURAE; ALIQUAM NIBH FELIS, HENDRERIT ID BIBENDUM VEL, HENDRERIT AT LIGULA. NULLA EU MOLESTIE NUNC. QUISQUE QUIS INTERDUM EX, UT SOLLICITUDIN MAURIS. ETIAM MATTIS MI SED EGESTAS ALIQUET. SED DAPIBUS EU EX
DANS LE NORD DU PAYS DES HECTARES DE FORÊT CONTINUENT DE BRÛLER.